编制

HSK 真题集（一级）

Official Examination Papers of HSK (Level 1)

2014版

HSK Zhenti Ji

高等教育出版社·北京
HIGHER EDUCATION PRESS BEIJING

《HSK真题集》系列

总监制： 许　琳

总策划： 马箭飞　胡志平

策　划： 段　莉　张晋军　李佩泽

编　委：（按姓氏笔画顺序排列）

王翠蔚　李亚男　张　欣　张铁英

张慧君　欧阳潭　赵　璇　唐　煜

黄　蕾　符华均　解妮妮

前　言

汉语水平考试（HSK）秉承"考教结合、以考促学、以考促教"的理念，根据语言学和教育测量学的最新理论，于2009年实现全新改版，更好地适应了全球汉语教学的实际情况，成为最具广泛性和权威性的汉语能力评价标准，被普遍用作学校录取、企业用人等的重要依据。

截至2013年底，孔子学院总部/国家汉办在全球108个国家和地区设立了823个HSK考点，除传统的纸笔考试形式以外，计算机考试和网络考试也在逐步推广，极大地方便了每年数十万考生多样化的报考需求。

为满足广大汉语学习者学习、备考的需求，2014年我们继续出版《HSK真题集（2014版）》系列。本套真题集共7册，包括汉语水平考试（HSK）6册和汉语水平口语考试（HSKK）1册，每册包含相应等级的真题和答案各5套，并配有听力录音、听力文本和答题卡。希望本套真题集成为广大考生和汉语学习者的实用助手。

编　者

2014年1月

目 录

孔子学院总部/国家汉办
Confucius Institute Headquarters(Hanban)

汉 语 水 平 考 试
HSK（一级）

H11223

注　　意

一、HSK（一级）分两部分：

　　1. 听力（20 题，约 15 分钟）

　　2. 阅读（20 题，17 分钟）

二、**听力结束后，有 3 分钟填写答题卡。**

三、全部考试约 40 分钟（含考生填写个人信息时间 5 分钟）。

中国　北京　　　　　　　　　　孔子学院总部/国家汉办　　编制

一、听 力

第一部分

第 1-5 题

例如：		√
		×
1.		
2.		
3.		
4.		
5.		

第二部分

第 6-10 题

例如：	 A √	 B	 C
6.	 A	 B	 C
7.	 A	 B	 C
8.	 A	 B	 C

9.	 A	 B	 C
10.	 A	 B	 C

第 11-15 题

A

B

C

D

E

F

Nǐ hǎo!
例如：女：你 好！

Nǐ hǎo! Hěn gāoxìng rènshi nǐ.
男：你 好！ 很 高兴 认识 你。 | C |

11. | ☐ |

12. | ☐ |

13. | ☐ |

14. | ☐ |

15. | ☐ |

第四部分

第 16-20 题

例如：
Xiàwǔ wǒ qù shāngdiàn, wǒ xiǎng mǎi yìxiē shuǐguǒ.
下午 我 去 商店 ， 我 想 买 一些 水果 。
Tā xiàwǔ qù nǎli?
问：他 下午 去 哪里？

       shāngdiàn   yīyuàn   xuéxiào
    A 商店 √   B 医院   C 学校

       hěn rè   hěn lěng   xiàyǔ le
16. A 很 热   B 很 冷   C 下雨 了

       Qián xiǎojiě   Qián xiānsheng   Lǐ lǎoshī
17. A 钱 小姐   B 钱 先生   C 李 老师

       kāi chē   zuò huǒchē   zuò fēijī
18. A 开 车   B 坐 火车   C 坐 飞机

       hē chá   dú shū   kàn diànshì
19. A 喝 茶   B 读 书   C 看 电视

       qiántiān   zuótiān   jīntiān shàngwǔ
20. A 前天   B 昨天   C 今天 上午

二、阅 读

第 一 部 分

第 21-25 题

例如:		diànshì 电视	×
		fēijī 飞机	✓
21.		hē 喝	
22.		yǐzi 椅子	
23.		yīfu 衣服	
24.		shuōhuà 说话	
25.		gǒu 狗	

第二部分

第 26-30 题

A

B

C

D

E

F

Wǒ hěn xǐhuan zhè běn shū.
例如：我 很 喜欢 这 本 书 。　　　E

Qǐng zài zhèr xiě míngzi.
26. 请 在 这儿 写 名字 。

Tāmen mǎile hěn duō dōngxi.
27. 她们 买了 很 多 东西 。

Wǒ ài chī mǐfàn.
28. 我 爱 吃 米饭 。

Kànjiànle ma? Zài nàr, zài qiánmiàn.
29. 看见了 吗 ? 在 那儿 , 在 前面 。

Wéi, Xiǎoyuè, wǒ fēnzhōng hòu huíqù.
30. 喂 , 小月 , 我 15 分钟 后 回去 。

第三部分

第 31-35 题

Nǐ hē shuǐ ma?
例如：你 喝 水 吗 ？　　　　　　　　 F 　　 A 　 Zuò chūzūchē.
　　　　　　　　　　　　　　　　　　　　　　　　　坐 出租车 。

Nǐmen shéi huì kāi chē?
31. 你们 谁 会 开 车 ？　　　　　　　□ 　　 B 　 Xià xīngqīrì.
　　　　　　　　　　　　　　　　　　　　　　　　　下 星期日 。

Tā nǚ'ér jīnnián duō dà le?
32. 他 女儿 今年 多 大 了 ？　　　　　□ 　　 C 　 Tài xiǎo le.
　　　　　　　　　　　　　　　　　　　　　　　　　太 小 了 。

Nǐ xiàwǔ zěnme qù huǒchēzhàn?
33. 你 下午 怎么 去 火车站 ？　　　　□ 　　 D 　 Wǒ.
　　　　　　　　　　　　　　　　　　　　　　　　　我 。

Zhège zhuōzi zěnmeyàng?
34. 这个 桌子 怎么样 ？　　　　　　　□ 　　 E 　 suì.
　　　　　　　　　　　　　　　　　　　　　　　　　9 岁 。

Māma shénme shíhou huílái?
35. 妈妈 什么 时候 回来 ？　　　　　　□ 　　 F 　 Hǎode, xièxie!
　　　　　　　　　　　　　　　　　　　　　　　　　好的 ， 谢谢 ！

第四部分

第 36-40 题

	huí		tóngxué		néng		míngzi		Hànyǔ		duōshao
A	回	B	同学	C	能	D	名字	E	汉语	F	多少

例如：
Nǐ jiào shénme
你 叫 什么 （ D ）?

36.
Nǐ kànjiàn wǒ de　　　　shū le ma?
你 看见 我 的 （　　）书 了 吗 ?

37.
Nǐmen xuéxiào yǒu　　　　ge xuésheng?
你们 学校 有 （　　）个 学生 ?

38.
Duìbuqǐ,　　wǒ jīntiān bù　　　　hé nǐ kàn diànyǐng le.
对不起 , 我 今天 不 （　　）和 你 看 电影 了 。

39. 女：
Nǐ nàge　　　　zài nǎr gōngzuò?
你 那个 （　　）在 哪儿 工作 ?

男：
Yīyuàn.
医院 。

40. 男：
Érzi shuō zhōngwǔ bù　　　　jiā chī fàn le.
儿子 说 中午 不 （　　）家 吃 饭 了 。

女：
Hǎo,　　nà wǒmen shǎo zuò jǐ ge cài.
好 , 那 我们 少 做 几 个 菜 。

H11223 卷听力材料

大家好！欢迎参加 HSK（一级）考试。
大家好！欢迎参加 HSK（一级）考试。
大家好！欢迎参加 HSK（一级）考试。

HSK（一级）听力考试分四部分，共 20 题。
请大家注意，听力考试现在开始。

第一部分

一共 5 个题，每题听两次。

例如：很高兴
　　　看电影

现在开始第 1 题：

1．写字
2．三块儿
3．十二点四十五
4．不想看
5．在饭馆儿

第二部分

一共 5 个题，每题听两次。

例如：这是我的书。

现在开始第 6 题：

6．我朋友是医生。
7．电脑怎么了？
8．我现在去吃饭，再见。
9．你的猫在上面。
10．打电话的那个人你认识吗？

第三部分

一共 5 个题，每题听两次。

例如：女：你好！
男：你好！很高兴认识你。

现在开始第 11 题：

11．男：能听见我说话吗？
女：你说什么？

12．女：太漂亮了，谢谢你。
男：不客气。

13．男：你喜欢吃什么水果？
女：我爱吃苹果。

14．女：你今天去北京？
男：是，今天下午去北京。

15．男：你在做什么？
女：我在学习做中国菜。

第四部分

一共 5 个题，每题听两次。

例如：下午我去商店，我想买一些水果。
问：他下午去哪里？

现在开始第 16 题：

16．今天太热了，你多喝点儿水。
问：今天天气怎么样？

17．我住六零七，钱先生住六零八。
问：谁住在六零八？

18．没关系，我们明天开车去那儿。
问：他们明天怎么去那儿？

19. 爸爸没睡觉，看电视呢。
　　问：爸爸在做什么？

20. 这些杯子都是我昨天买的。
　　问：杯子是哪天买的？

听力考试现在结束。

H11223 卷答案

一、听 力

第一部分

1. ×   2. √   3. ×   4. √   5. ×

第二部分

6. B   7. A   8. C   9. C   10. C

第三部分

11. F   12. D   13. A   14. B   15. E

第四部分

16. A   17. B   18. A   19. C   20. B

二、阅 读

第一部分

21. √   22. ×   23. √   24. ×   25. √

第二部分

26. B   27. F   28. D   29. C   30. A

第三部分

31. D   32. E   33. A   34. C   35. B

第四部分

36. E   37. F   38. C   39. B   40. A

孔子学院总部/国家汉办
Confucius Institute Headquarters(Hanban)

汉 语 水 平 考 试

HSK（一级）

H11224

注　意

一、HSK（一级）分两部分：

    1. 听力（20题，约15分钟）

    2. 阅读（20题，17分钟）

二、**听力结束后，有3分钟填写答题卡。**

三、全部考试约40分钟（含考生填写个人信息时间5分钟）。

中国　北京　　　　　　　　　　　孔子学院总部/国家汉办　　编制

一、听 力

第一部分

第 1-5 题

例如：		√
		×
1.		
2.		
3.		
4.		
5.		

第二部分

第 6-10 题

例如：	 A √	 B	 C
6.	 A	 B	 C
7.	 A	 B	 C
8.	 A	 B	 C

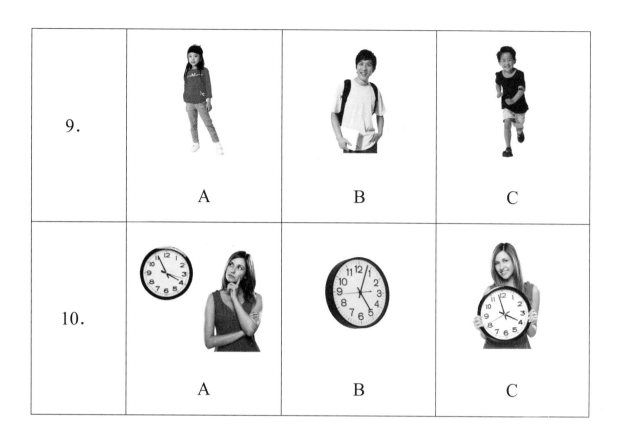

第三部分

第 11-15 题

A		B	
C		D	
E		F	

　　　　　　　　Nǐ hǎo!
例如：女：你 好 ！

　　　　　　　　Nǐ hǎo!　Hěn gāoxìng rènshi nǐ.
　　　　男：你 好 ！ 很　高兴　认识　你 。　　　　　　C

11.　　　　　　　　　　　　　　　　　　　　　　□

12.　　　　　　　　　　　　　　　　　　　　　　□

13.　　　　　　　　　　　　　　　　　　　　　　□

14.　　　　　　　　　　　　　　　　　　　　　　□

15.　　　　　　　　　　　　　　　　　　　　　　□

第四部分

第 16-20 题

例如：
Xiàwǔ wǒ qù shāngdiàn,   wǒ xiǎng mǎi yìxiē shuǐguǒ.
下午 我 去 商店 ， 我 想 买 一些 水果 。

问： Tā xiàwǔ qù nǎli?
他 下午 去 哪里？

      shāngdiàn   yīyuàn   xuéxiào
A 商店 √   B 医院   C 学校

       shuìjiào   zuò cài   xiě zì
16. A 睡觉   B 做 菜   C 写 字

      huǒchēzhàn   fēijī shang   diànyǐngyuàn
17. A 火车站   B 飞机 上   C 电影院

       tài dà   tài xiǎo   hěn piàoliang
18. A 太 大   B 太 小   C 很 漂亮

      bàba de   tóngxué de   péngyou de
19. A 爸爸 的   B 同学 的   C 朋友 的

       ge yuè   ge yuè   ge yuè
20. A 3个 月   B 8个 月   C 9个 月

二、阅 读

第一部分

第 21-25 题

例如：		diànshì 电视	×
		fēijī 飞机	√
21.		wǔ 五	
22.		píngguǒ 苹果	
23.		zuò 坐	
24.		diànnǎo 电脑	
25.		hǎo 好	

第 二 部 分

第 26-30 题

A

B

C

D

E

F

Wǒ hěn xǐhuan zhè běn shū.
例如： 我 很 喜欢 这 本 书 。 [E]

Qǐng zài zhèr xiě míngzi.
26. 请 在 这儿 写 名字 。 ☐

Wǒ kāi chē qù xuéxiào le, zàijiàn.
27. 我 开 车 去 学校 了 , 再见 。 ☐

Zhèxiē xiǎo gǒu dōu shì nǐ de?
28. 这些 小 狗 都 是 你 的 ? ☐

Wǒ mǎi le xiē shuǐguǒ, zài zhuōzi shang.
29. 我 买 了 些 水果 , 在 桌子 上 。 ☐

Yí kuài qián? Duìbuqǐ, wǒ méiyǒu.
30. 一 块 钱 ? 对不起 , 我 没有 。 ☐

第三部分

第 31-35 题

例如：
Nǐ hē shuǐ ma?
你 喝 水 吗 ？   [F]

A　Xuéxí Hànyǔ.
　　学习 汉语 。

31.　Nǐ hé shéi dǎ diànhuà ne?
　　你 和 谁 打 电话 呢 ？　□

B　67 个 。
　　ge.

32.　Tā qù Běijīng zuò shénme?
　　她 去 北京 做 什么 ？　□

C　Hěn rè.
　　很 热 。

33.　Nǐmen yīyuàn yǒu duōshao yīshēng?
　　你们 医院 有 多少 医生 ？　□

D　Zuò chūzūchē.
　　坐 出租车 。

34.　Nàr tiānqì zěnmeyàng?
　　那儿 天气 怎么样 ？　□

E　Wǒ de xuésheng.
　　我 的 学生 。

35.　Nǐ zuótiān shì zěnme huí jiā de?
　　你 昨天 是 怎么 回 家 的 ？　□

F　Hǎode, xièxie!
　　好的 ， 谢谢 ！

第四部分

第 36-40 题

	zuò		nǎ		ge		míngzi		běn		Zhōngguó
A	做	B	哪	C	个	D	名字	E	本	F	中国

Nǐ jiào shénme
例如：你 叫 什么 （ D ）？

Zhōngwǔ bú　　　　　fàn le， wǒmen qù fànguǎnr chī.
36. 中午 不 （　　） 饭 了， 我们 去 饭馆儿 吃 。

Lǎoshī， zhè　　　　zì wǒ bú huì dú.
37. 老师 ， 这 （　　） 字 我 不 会 读 。

Qián xiǎojiě shuō， tā míngtiān shàngwǔ huí
38. 钱 小姐 说 ， 她 明天 上午 回 （　　）。

Nǐ shì　　　　nián lái zhèr de?
39. 女：你 是 （　　） 年 来 这儿 的 ？

nián.
男： 2003 年 。

Zhèr méiyǒu nà　　　　shū.
40. 男：这儿 没有 那 （　　） 书 。

Méiguānxi， wǒmen qù qiánmiàn nà jiā kàn yíxià.
女： 没关系 ， 我们 去 前面 那 家 看 一下 。

H11224 卷听力材料

（音乐，30秒，渐弱）

大家好！欢迎参加 HSK（一级）考试。
大家好！欢迎参加 HSK（一级）考试。
大家好！欢迎参加 HSK（一级）考试。

HSK（一级）听力考试分四部分，共 20 题。
请大家注意，听力考试现在开始。

第一部分

一共 5 个题，每题听两次。

例如：很高兴
　　　看电影

现在开始第 1 题：

1. 很冷
2. 不喜欢
3. 四个人
4. 在工作
5. 看电视

第二部分

一共 5 个题，每题听两次。

例如：这是我的书。

现在开始第 6 题：

6. 下雨了，现在回去？
7. 我在这儿，看见了吗？
8. 我不想听。
9. 我儿子今年四岁。
10. 五点多了，他十分钟后能来吗？

第三部分

一共 5 个题，每题听两次。

例如：女：你好！
　　　　男：你好！很高兴认识你。

现在开始第 11 题：

11．男：多吃菜，少吃饭。
　　　女：我爱吃米饭。

12．女：你什么时候来我家看小猫？
　　　男：星期日怎么样？

13．男：喂，你在哪儿？
　　　女：我在商店买东西。

14．女：谢谢你请我喝茶。
　　　男：不客气。

15．男：你怎么这么高兴？
　　　女：我女儿会说话了，会叫妈妈了。

第四部分

一共 5 个题，每题听两次。

例如：下午我去商店，我想买一些水果。
　　　　问：他下午去哪里？

现在开始第 16 题：

16．十二点了，我想睡觉了。
　　　问：他想做什么？

17．我和我先生是在飞机上认识的。
　　　问：他们是在哪儿认识的？

18．这个杯子太大了。
　　　问：那个杯子怎么样？

19．椅子上的衣服是我朋友的。
　　问：椅子上的衣服是谁的？

20．我在这里住了八个月。
　　问：他在这儿住了几个月？

听力考试现在结束。

H11224卷答案

一、听　力

第一部分

1. √　　2. ×　　3. √　　4. ×　　5. ×

第二部分

6. C　　7. A　　8. C　　9. C　　10. B

第三部分

11. A　　12. E　　13. B　　14. D　　15. F

第四部分

16. A　　17. B　　18. A　　19. C　　20. B

二、阅　读

第一部分

21. √　　22. ×　　23. √　　24. ×　　25. √

第二部分

26. F　　27. A　　28. D　　29. C　　30. B

第三部分

31. E　　32. A　　33. B　　34. C　　35. D

第四部分

36. A　　37. C　　38. F　　39. B　　40. E

孔子学院总部/国家汉办
Confucius Institute Headquarters(Hanban)

汉 语 水 平 考 试
HSK（一级）

H11225

注　意

一、HSK（一级）分两部分：

    1．听力（20题，约15分钟）

    2．阅读（20题，17分钟）

二、听力结束后，有**3分钟**填写答题卡。

三、全部考试约40分钟（含考生填写个人信息时间5分钟）。

中国　北京　　　　　　　　　　孔子学院总部/国家汉办　编制

一、听 力

第 一 部 分

第 1-5 题

例如:		√
		×
1.		
2.		
3.		
4.		
5.		

第 二 部 分

第 6-10 题

例如：			
	A √	B	C
6.			
	A	B	C
7.			
	A	B	C
8.			
	A	B	C

9.			
	A	B	C
10.			
	A	B	C

第三部分

第 11-15 题

A

B

C

D

E

F

Nǐ hǎo!
例如：女：你 好！

Nǐ hǎo! Hěn gāoxìng rènshi nǐ.
男：你 好！很 高兴 认识 你。   C

11.   □

12.   □

13.   □

14.   □

15.   □

第四部分

第 16-20 题

           Xiàwǔ wǒ qù shāngdiàn,   wǒ xiǎng mǎi yìxiē shuǐguǒ.
例如：下午 我 去　商店 ，　我 想 买 一些 水果 。

           Tā xiàwǔ qù nǎli?
问：他 下午 去 哪里 ？

        shāngdiàn   yīyuàn   xuéxiào

    A　商店　√　B　医院　C　学校

16.　A 他 老师　B 他 同学　C 他 的　学生
       tā lǎoshī   tā tóngxué   tā de xuésheng

17.　A 星期二　B 星期四　C 星期日
       xīngqī'èr   xīngqīsì   xīngqīrì

18.　A 猫　B 电视　C 电脑
       māo   diànshì   diànnǎo

19.　A 机场　B 饭馆儿　C 火车站
       jīchǎng   fànguǎnr   huǒchēzhàn

20.　A 很 热　B 下雨 了　C 太 冷 了
       hěn rè   xiàyǔ le   tài lěng le

二、阅 读

第一部分

第 21-25 题

例如：		diànshì 电视	×
		fēijī 飞机	√
21.		dú 读	
22.		diànhuà 电话	
23.		chá 茶	
24.		sān 三	
25.		nàr 那儿	

第 二 部 分

第 26-30 题

A

B

C

D

E

F

例如： Wǒ hěn xǐhuan zhè běn shū.
我 很 喜欢 这 本 书 。　　　　E

26. Érzi méi xuéxí， zài kàn diànshì ne.
儿子 没 学习 ， 在 看 电视 呢 。

27. Zhè lǐmiàn shì shénme dōngxi？
这 里面 是 什么 东西 ？

28. Wǒ hé māma dōu ài chī mǐfàn.
我 和 妈妈 都 爱 吃 米饭 。

29. Nǐ shuō shénme？ Wǒ tīngbujiàn.
你 说 什么 ？ 我 听不见 。

30. Xiànzài 8：06， wǒmen 20 fēnzhōng hòu jiàn.
现在 8：06， 我们 20 分钟 后 见 。

第三部分

第 31-35 题

例如：
Nǐ hē shuǐ ma?
你 喝 水 吗 ？   [F]

A   Wǒ bàba.
    我 爸爸。

31. Nǐ xiànzài zhù nǎr?
你 现在 住 哪儿？   [ ]

B   Shàng ge yuè.
    上 个 月。

32. Tā shénme shíhou qù Zhōngguó de?
她 什么 时候 去 中国 的？   [ ]

C   Kāi chē.
    开 车。

33. Shuōhuà de nàge rén shì shéi?
说话 的 那个 人 是 谁？   [ ]

D   Bù, hěn xiǎo.
    不， 很 小。

34. Nǐ zěnme qù xuéxiào?
你 怎么 去 学校？   [ ]

E   Péngyou jiā li.
    朋友 家 里。

35. Zuótiān de yǔ dà ma?
昨天 的 雨 大 吗？   [ ]

F   Hǎode, xièxie!
    好的， 谢谢！

第 四 部 分

第 36-40 题

$$
\begin{array}{cccccc}
\text{shǎo} & \text{dǎ} & \text{huì} & \text{míngzi} & \text{hěn} & \text{yǐzi} \\
\text{A 少} & \text{B 打} & \text{C 会} & \text{D 名字} & \text{E 很} & \text{F 椅子}
\end{array}
$$

Nǐ jiào shénme
例如：你 叫 什么 （ D ）?

Wǒmen rènshi   duō nián le.
36. 我们 认识 （   ） 多 年 了。

Xiǎojiě,   zhèli bù néng   diànhuà.
37. 小姐 ，这里 不 能 （   ） 电话 。

Zuò hòumiàn,   hòumiàn rén   yìdiǎnr.
38. 坐 后面 ，后面 人 （   ） 一点儿 。

Wǒ de Hànyǔ shū ne?
39. 女：我 的 汉语 书 呢 ？

Zài nàr,   zài   shang.
男：在 那儿 ，在 （   ） 上 。

Xièxie nǐ,   wǒ   xiě zhège zì le.
40. 男：谢谢 你 ，我 （   ） 写 这个 字 了。

Búkèqi.
女：不客气 。

H11225卷听力材料

（音乐，30秒，渐弱）

大家好！欢迎参加HSK（一级）考试。
大家好！欢迎参加HSK（一级）考试。
大家好！欢迎参加HSK（一级）考试。

HSK（一级）听力考试分四部分，共20题。
请大家注意，听力考试现在开始。

第一部分

一共5个题，每题听两次。

例如：很高兴
　　　看电影

现在开始第1题：

1. 吃苹果
2. 九岁
3. 很多桌子
4. 我的狗
5. 在睡觉

第二部分

一共5个题，每题听两次。

例如：这是我的书。

现在开始第6题：

6. 请在这儿写你的名字。
7. 她在商店买衣服。
8. 爸，我去学校了，再见。
9. 这个杯子十块钱。
10. 我们中午做什么菜？

第三部分

一共 5 个题，每题听两次。

例如：女：你好！
　　　　男：你好！很高兴认识你。

现在开始第 11 题：

11．男：下雨了。
　　　女：没关系，我坐出租车回去。

12．女：你好，这本书多少钱？
　　　男：十七块。

13．男：喂，明天下午去看电影怎么样？
　　　女：好，几点去？

14．女：你女儿在哪儿工作？
　　　男：医院，她是医生。

15．男：这是我昨天买的车。
　　　女：很漂亮。

第四部分

一共 5 个题，每题听两次。

例如：下午我去商店，我想买一些水果。
　　　　问：他下午去哪里？

现在开始第 16 题：

16．妈，他是我同学，叫李明。
　　　问：李明是谁？

17．对不起，谢先生去北京了，下星期二回来。
　　　问：谢先生哪天回来？

18．儿子说，他喜欢那个电脑。
　　　问：儿子喜欢什么？

19. 前面有家饭馆儿，我们去那儿吃。
    问：他们想去哪儿？

20. 今天太冷了，我不想去。
    问：天气怎么样？

听力考试现在结束。

H11225 卷答案

一、听 力

第一部分

1. × 2. × 3. × 4. √ 5. √

第二部分

6. A 7. A 8. C 9. B 10. C

第三部分

11. B 12. E 13. D 14. A 15. F

第四部分

16. B 17. A 18. C 19. B 20. C

二、阅 读

第一部分

21. × 22. √ 23. × 24. √ 25. √

第二部分

26. F 27. C 28. B 29. D 30. A

第三部分

31. E 32. B 33. A 34. C 35. D

第四部分

36. E 37. B 38. A 39. F 40. C

孔子学院总部/国家汉办
Confucius Institute Headquarters(Hanban)

汉语水平考试
HSK（一级）

H11226

注　意

一、HSK（一级）分两部分：

　　1. 听力（20题，约15分钟）

　　2. 阅读（20题，17分钟）

二、听力结束后，有**3分钟填写答题卡**。

三、全部考试约40分钟（含考生填写个人信息时间5分钟）。

中国　北京　　　　　　　孔子学院总部/国家汉办　　编制

一、听 力

第 1-5 题

例如：		√
		×
1.		
2.		
3.		
4.		
5.		

第 二 部 分

第 6-10 题

例如：	 A √	 B	 C
6.	 A	 B	 C
7.	 A	 B	 C
8.	 A	 B	 C

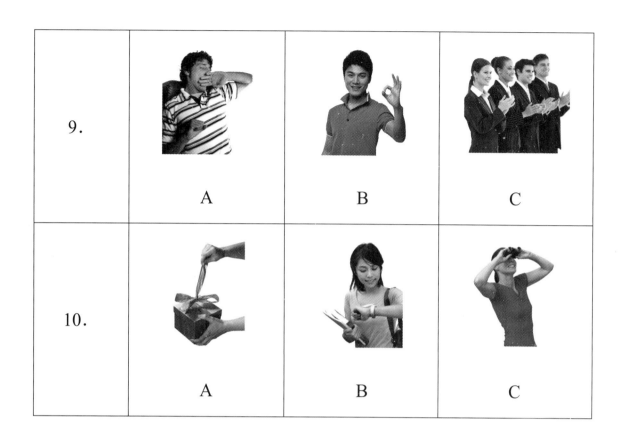

第三部分

第 11-15 题

A

B

C

D

E

F

Nǐ hǎo!
例如：女：你 好！

Nǐ hǎo! Hěn gāoxìng rènshi nǐ.
男：你 好！很 高兴 认识 你。　　　　　　C

11. □

12. □

13. □

14. □

15. □

第四部分

第 16-20 题

例如：
Xiàwǔ wǒ qù shāngdiàn, wǒ xiǎng mǎi yìxiē shuǐguǒ.
下午 我 去 商店 ，我 想 买 一些 水果 。

Tā xiàwǔ qù nǎli?
问：他 下午 去 哪里？

       shāngdiàn   yīyuàn   xuéxiào
A 商店 √   B 医院   C 学校

       tiānqì hǎo   néng zuò fàn   rén bù duō
16. A 天气 好   B 能 做 饭   C 人 不 多

17. A 12：00   B 13：00   C 17：00

       jiā li   fànguǎnr   diànyǐngyuàn
18. A 家里   B 饭馆儿   C 电影院

       érzi de   nǚ'ér de   tóngxué de
19. A 儿子 的   B 女儿 的   C 同学 的

       kāi chē   zuò huǒchē   zuò chūzūchē
20. A 开 车   B 坐 火车   C 坐 出租车

二、阅 读

第 21-25 题

例如:		diànshì 电视	×
		fēijī 飞机	✓
21.		xiě 写	
22.		xuéxí 学习	
23.		tā 他	
24.		yīshēng 医生	
25.		mǐfàn 米饭	

第二部分

第 26-30 题

A

B

C

D

E

F

Wǒ hěn xǐhuan zhè běn shū.
例如：我 很 喜欢 这 本 书 。　　　E

Nǐ kàn, Zhōngguó zài zhèr.
26. 你 看 ， 中国 在 这儿 。

Tiān lěng le, duō hē diǎnr rè shuǐ.
27. 天 冷 了 ， 多 喝 点儿 热 水 。

Xiānsheng, lǐmiàn qǐng.
28. 先生 ， 里面 请 。

Tāmen zěnme bù shuōhuà?
29. 他们 怎么 不 说话 ？

Wǒ jīntiān mǎile hěn duō nǐ ài chī de cài.
30. 我 今天 买了 很 多 你 爱 吃 的 菜 。

第三部分

第 31-35 题

例如：
Nǐ hē shuǐ ma?
你 喝 水 吗 ？　　　[F]　　A
Hěn piàoliang.
很 漂亮 。

31.
Nà shì shéi de diànnǎo?
那 是 谁 的 电脑 ？　　　[ ]　　B
Míngtiān xiàwǔ.
明天 下午 。

32.
Bàba shuìjiàole ma?
爸爸 睡觉了 吗 ？　　　[ ]　　C
Wǒ péngyou de.
我 朋友 的 。

33.
Xuéshengmen shénme shíhou huílai?
学生们 什么 时候 回来 ？　　　[ ]　　D
Méiyǒu.
没有 。

34.
Zhège bēizi zěnmeyàng?
这个 杯子 怎么样 ？　　　[ ]　　E
Zài zhuōzi shang.
在 桌子 上 。

35.
Zuótiān mǎi de píngguǒ ne?
昨天 买 的 苹果 呢 ？　　　[ ]　　F
Hǎode, xièxie!
好的 ， 谢谢 ！

第四部分

第 36-40 题

<pre>
        de   zěnmeyàng   yuè   míngzi   zhù   dōngxi
   A 的   B 怎么样   C 月   D 名字   E 住   F 东西
</pre>

Nǐ jiào shénme
例如：你 叫 什么 （ D ）?

Wǒ jīnnián   qù Běijīng gōngzuò.
36. 我 今年 8（   ）去 北京 工作 。

Nǐ xiànzài   zài xuéxiào li?
37. 你 现在 （   ）在 学校 里？

Wǒ shàngwǔ kànjiàn nǐ māma le, tā zài shāngdiàn mǎi
38. 我 上午 看见 你 妈妈 了，她 在 商店 买 （   ）。

Nǐ rènshi tā ma?
39. 女：你 认识 他 吗 ？

Rènshi, tā shì wǒ   Hànyǔ lǎoshī.
男：认识 ，他 是 我 （   ）汉语 老师 。

Xīngqīrì qù kàn diànyǐng
40. 男：星期日 去 看 电影 （   ）？

Hǎo.
女：好 。

H11226 卷听力材料

（音乐，30 秒，渐弱）

大家好！欢迎参加 HSK（一级）考试。
大家好！欢迎参加 HSK（一级）考试。
大家好！欢迎参加 HSK（一级）考试。

HSK（一级）听力考试分四部分，共 20 题。
请大家注意，听力考试现在开始。

第一部分

一共 5 个题，每题听两次。

例如：很高兴
　　　看电影

现在开始第 1 题：

1．喝茶
2．在下面
3．猫和狗
4．很热
5．三个椅子

第二部分

一共 5 个题，每题听两次。

例如：这是我的书。

现在开始第 6 题：

6．对不起，我没听见。
7．这些衣服都太大了。
8．王先生在打电话。
9．我想睡觉了。
10．现在九点零五，二十分钟后见。

第三部分

一共 5 个题，每题听两次。

例如：女：你好！
　　　　男：你好！很高兴认识你。

现在开始第 11 题：

11．男：小朋友，你多大了？
　　　女：我四岁。

12．女：这个字你会读吗？
　　　男：哪个字？

13．男：你们去哪儿？
　　　女：去火车站，再见。

14．女：我这里没钱了，你有多少？
　　　男：我有六十块。

15．男：谢谢你们来看我。
　　　女：不客气。你好点儿了吗？

第四部分

一共 5 个题，每题听两次。

例如：下午我去商店，我想买一些水果。
　　　　问：他下午去哪里？

现在开始第 16 题：

16．没关系，前面人少，我坐那儿。
　　　问：前面怎么样？

17．高小姐的飞机是下午一点的。
　　　问：飞机是几点的？

18．喂，我在饭馆儿吃饭呢。
　　　问：他现在在哪儿？

19. 这本书是我同学的，上面有他的名字。
    问：那本书是谁的？

20. 下雨了，我们开车去学校。
    问：他们怎么去学校？

听力考试现在结束。

H11226 卷答案

一、听 力

第一部分

1. ×　　2. ×　　3. ×　　4. √　　5. √

第二部分

6. A　　7. C　　8. C　　9. A　　10. B

第三部分

11. D　　12. A　　13. E　　14. B　　15. F

第四部分

16. C　　17. B　　18. B　　19. C　　20. A

二、阅 读

第一部分

21. √　　22. ×　　23. √　　24. √　　25. ×

第二部分

26. C　　27. A　　28. B　　29. F　　30. D

第三部分

31. C　　32. D　　33. B　　34. A　　35. E

第四部分

36. C　　37. E　　38. F　　39. A　　40. B

孔子学院总部/国家汉办
Confucius Institute Headquarters(Hanban)

汉 语 水 平 考 试
HSK（一级）

H11227

注　意

一、HSK（一级）分两部分：

　　1. 听力（20题，约15分钟）

　　2. 阅读（20题，17分钟）

二、**听力结束后，有3分钟填写答题卡。**

三、全部考试约40分钟（含考生填写个人信息时间5分钟）。

中国　北京　　　　　　　　　孔子学院总部/国家汉办　编制

一、听 力

第一部分

第 1-5 题

例如：		√
		×
1.		
2.		
3.		
4.		
5.		

第二部分

第 6-10 题

例如：	 A √	 B	 C
6.	 A	 B	 C
7.	 A	 B	 C
8.	 A	 B	 C

9.			
	A	B	C
10.			
	A	B	C

第 三 部 分

第 11-15 题

A 　　　　B

C 　　　　D

E 　　　　F

　　　　　　Nǐ hǎo!
例如：女：你 好 ！

　　　　　　Nǐ hǎo!　Hěn gāoxìng rènshi nǐ.
　　　男：你 好 ！ 很　高兴　认识　你。　　　　　　C

11.　　　　　　　　　　　　　　　　　　　　□

12.　　　　　　　　　　　　　　　　　　　　□

13.　　　　　　　　　　　　　　　　　　　　□

14.　　　　　　　　　　　　　　　　　　　　□

15.　　　　　　　　　　　　　　　　　　　　□

第四部分

第 16-20 题

Xiàwǔ wǒ qù shāngdiàn, wǒ xiǎng mǎi yìxiē shuǐguǒ.
例如：下午 我 去 商店 ， 我 想 买 一些 水果 。

Tā xiàwǔ qù nǎli?
问：他 下午 去 哪里？

     shāngdiàn   yīyuàn   xuéxiào
A   商店 ✓   B 医院   C 学校

16.
      míngtiān   xià xīngqīrì   míngnián yuè
A 明天   B 下 星期日   C 明年 3 月

17.
      hěn lěng   zài xiàyǔ   yǒu diǎnr rè
A 很 冷   B 在 下雨   C 有 点儿 热

18.
      lǎoshī   péngyou   nǚ'ér
A 老师   B 朋友   C 女儿

19.
      suì   suì   suì
A 4 岁   B 7 岁   C 9 岁

20.
      Běijīng   fànguǎnr   huǒchēzhàn
A 北京   B 饭馆儿   C 火车站

二、阅 读

第一部分

第 21-25 题

例如：		diànshì 电视	×
		fēijī 飞机	√
21.		shuǐ 水	
22.		rè 热	
23.		xuésheng 学生	
24.		chī 吃	
25.		shuìjiào 睡觉	

第二部分

第 26-30 题

A

B

C

D

E

F

例如：
Wǒ hěn xǐhuan zhè běn shū.
我 很 喜欢 这 本 书 。   E

26.
Tā zěnme bù shuōhuà? Bù gāoxìng le?
他 怎么 不 说话 ？ 不 高兴 了 ？   □

27.
Nà bú shì wǒ de māo, shì wǒ péngyou de.
那 不 是 我 的 猫 ， 是 我 朋友 的 。   □

28.
Yǔ zhème dà, wǒmen zěnme huí jiā?
雨 这么 大 ， 我们 怎么 回 家 ？   □

29.
Hé bàba shuō zàijiàn.
和 爸爸 说 再见 。   □

30.
Tā shàngwǔ qù shāngdiàn mǎile hěn duō dōngxi.
她 上午 去 商店 买了 很 多 东西 。   □

第三部分

第 31-35 题

Nǐ hē shuǐ ma?
例如：你 喝 水 吗 ？　　F　A 　Bú rènshi.
　　　　　　　　　　　　　　　　不 认识 。

Zhōngwǔ xiǎng chī shénme?
31. 中午 想 吃 什么 ？　　□　B 　diǎn.
　　　　　　　　　　　　　　　12 点 。

Qiánmiàn nàge rén shì shéi?
32. 前面 那个 人 是 谁 ？　　□　C 　Mǐfàn.
　　　　　　　　　　　　　　　米饭 。

Nǐ kànjiàn wǒ de gǒu le ma?
33. 你 看见 我 的 狗 了 吗 ？　　□　D 　Wǒ hěn xǐhuan.
　　　　　　　　　　　　　　　我 很 喜欢 。

Nǐ xiànzài de gōngzuò zěnmeyàng?
34. 你 现在 的 工作 怎么样 ？　　□　E 　Zài nàr.
　　　　　　　　　　　　　　　在 那儿 。

Nǐ zuótiān shénme shíhou shuì de?
35. 你 昨天 什么 时候 睡 的 ？　　□　F 　Hǎode, xièxie!
　　　　　　　　　　　　　　　好的 ， 谢谢 ！

第四部分

第 36-40 题

	xuéxí		jīntiān		xiǎo		míngzi		dōu		zuò
A	学习	B	今天	C	小	D	名字	E	都	F	坐

Nǐ jiào shénme
例如：你 叫 什么 （ D ）？

Duìbuqǐ, Gāo yīshēng   bù néng lái yīyuàn le.
36. 对不起， 高 医生 （   ） 不 能 来 医院 了。

Wǒ hé wǒ xiānsheng   ài kàn diànyǐng.
37. 我 和 我 先生 （   ） 爱 看 电影 。

Tā xiǎng qù Zhōngguó   Hànyǔ.
38. 他 想 去 中国 （   ） 汉语 。

Hòumiàn yǒu yǐzi, nǐ   ma?
39. 女： 后面 有 椅子，你 （   ） 吗 ？

Bù le, xièxie, zài hòumiàn tīngbujiàn.
男： 不 了， 谢谢 ， 在 后面 听不见 。

Zhège diànshì tài   le.
40. 男： 这个 电视 太 （   ） 了。

Zhège ne?
女： 这个 呢 ？

H11227 卷听力材料

（音乐，30 秒，渐弱）

大家好！欢迎参加 HSK（一级）考试。
大家好！欢迎参加 HSK（一级）考试。
大家好！欢迎参加 HSK（一级）考试。

HSK（一级）听力考试分四部分，共 20 题。
请大家注意，听力考试现在开始。

第一部分

一共 5 个题，每题听两次。

例如：很高兴
　　　看电影

现在开始第 1 题：

1. 做菜
2. 爸爸和女儿
3. 我的杯子
4. 六点零五分
5. 在开车

第二部分

一共 5 个题，每题听两次。

例如：这是我的书。

现在开始第 6 题：

6. 老师，请喝茶。
7. 这个电脑怎么样？
8. 哪个字不会读？这个？
9. 桌子上有一个苹果。
10. 他和同学在家看电视。

一共 5 个题，每题听两次。

例如：女：你好！
　　　男：你好！很高兴认识你。

现在开始第 11 题：

11．男：儿子在学习？
　　　女：没，他在打电话。

12．女：这些水果多少钱？
　　　男：三十八块。

13．男：妈，米饭有点儿少。
　　　女：没关系，你爸今天不在家吃。

14．女：衣服太漂亮了，谢谢你。
　　　男：不客气。

15．男：这里面是什么？
　　　女：都是书，有几十本。

第四部分

一共 5 个题，每题听两次。

例如：下午我去商店，我想买一些水果。
　　　问：他下午去哪里？

现在开始第 16 题：

16．王小姐明年三月来中国。
　　　问：王小姐什么时候来中国？

17．我们这儿很冷。
　　　问：他们那儿天气怎么样？

18．我住在朋友家里。
　　　问：他住在谁的家里？

19. 我儿子四岁了，会写字了。
    问：他儿子多大了？

20. 喂，我在出租车上，十分钟后火车站见。
    问：他们在哪儿见？

听力考试现在结束。

H11227卷答案

一、听 力

第一部分

1. ×   2. ×   3. √   4. ×   5. √

第二部分

6. C   7. C   8. B   9. B   10. A

第三部分

11. F   12. A   13. B   14. D   15. E

第四部分

16. C   17. A   18. B   19. A   20. C

二、阅 读

第一部分

21. ×   22. ×   23. √   24. √   25. √

第二部分

26. C   27. A   28. F   29. B   30. D

第三部分

31. C   32. A   33. E   34. D   35. B

第四部分

36. B   37. E   38. A   39. F   40. C

汉 语 水 平 考 试 HSK（一级）答题卡

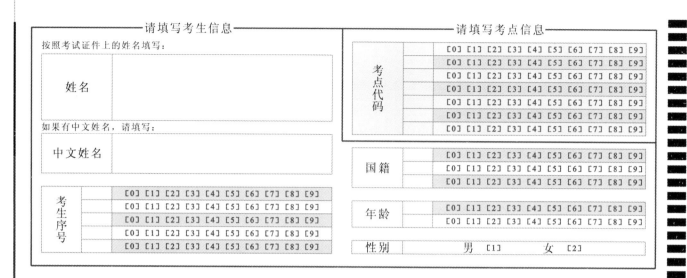

请填写考生信息

按照考试证件上的姓名填写：

姓名

如果有中文姓名，请填写：

中文姓名

考生序号 [0] [1] [2] [3] [4] [5] [6] [7] [8] [9]
[0] [1] [2] [3] [4] [5] [6] [7] [8] [9]
[0] [1] [2] [3] [4] [5] [6] [7] [8] [9]
[0] [1] [2] [3] [4] [5] [6] [7] [8] [9]
[0] [1] [2] [3] [4] [5] [6] [7] [8] [9]

请填写考点信息

考点代码 [0] [1] [2] [3] [4] [5] [6] [7] [8] [9]
[0] [1] [2] [3] [4] [5] [6] [7] [8] [9]
[0] [1] [2] [3] [4] [5] [6] [7] [8] [9]
[0] [1] [2] [3] [4] [5] [6] [7] [8] [9]
[0] [1] [2] [3] [4] [5] [6] [7] [8] [9]
[0] [1] [2] [3] [4] [5] [6] [7] [8] [9]
[0] [1] [2] [3] [4] [5] [6] [7] [8] [9]

国籍 [0] [1] [2] [3] [4] [5] [6] [7] [8] [9]
[0] [1] [2] [3] [4] [5] [6] [7] [8] [9]
[0] [1] [2] [3] [4] [5] [6] [7] [8] [9]

年龄 [0] [1] [2] [3] [4] [5] [6] [7] [8] [9]
[0] [1] [2] [3] [4] [5] [6] [7] [8] [9]

性别　　　男 [1]　　　女 [2]

注意	请用 2B 铅笔这样写：▬

一、听力

1. [√] [X]	6. [A] [B] [C]	11. [A] [B] [C] [D] [E] [F]	16. [A] [B] [C]
2. [√] [X]	7. [A] [B] [C]	12. [A] [B] [C] [D] [E] [F]	17. [A] [B] [C]
3. [√] [X]	8. [A] [B] [C]	13. [A] [B] [C] [D] [E] [F]	18. [A] [B] [C]
4. [√] [X]	9. [A] [B] [C]	14. [A] [B] [C] [D] [E] [F]	19. [A] [B] [C]
5. [√] [X]	10. [A] [B] [C]	15. [A] [B] [C] [D] [E] [F]	20. [A] [B] [C]

二、阅读

21. [√] [X]	26. [A] [B] [C] [D] [E] [F]	31. [A] [B] [C] [D] [E] [F]	36. [A] [B] [C] [D] [E] [F]
22. [√] [X]	27. [A] [B] [C] [D] [E] [F]	32. [A] [B] [C] [D] [E] [F]	37. [A] [B] [C] [D] [E] [F]
23. [√] [X]	28. [A] [B] [C] [D] [E] [F]	33. [A] [B] [C] [D] [E] [F]	38. [A] [B] [C] [D] [E] [F]
24. [√] [X]	29. [A] [B] [C] [D] [E] [F]	34. [A] [B] [C] [D] [E] [F]	39. [A] [B] [C] [D] [E] [F]
25. [√] [X]	30. [A] [B] [C] [D] [E] [F]	35. [A] [B] [C] [D] [E] [F]	40. [A] [B] [C] [D] [E] [F]

图书在版编目（CIP）数据

HSK 真题集：2014 版．一级 / 孔子学院总部 / 国家汉办编制．-- 北京：高等教育出版社，2014.1
ISBN 978-7-04-038975-3

Ⅰ．①H… Ⅱ．①孔… Ⅲ．①汉语－对外汉语教学－水平考试－试题 Ⅳ．①H195

中国版本图书馆 CIP 数据核字（2014）第 003996 号

策划编辑　梁　宇　　　　责任编辑　王　群　　　　封面设计　李树龙
责任校对　王　群　　　　责任印制　赵义民

出版发行	高等教育出版社	咨询电话	400-810-0598
社　　址	北京市西城区德外大街4号	网　　址	http://www.hep.edu.cn
邮政编码	100120		http://www.hep.com.cn
印　　刷	大厂益利印刷有限公司	网上订购	http://www.landraco.com
开　　本	889mm×1194mm 1/16		http://www.landraco.com.cn
印　　张	5.5	版　　次	2014 年 1 月第 1 版
字　　数	99千字	印　　次	2014 年 11 月第 2 次印刷
购书热线	010-58581118	定　　价	45.00 元（含光盘）

本书如有缺页、倒页、脱页等质量问题，请到所购图书销售部门联系调换
版权所有　侵权必究
物料号　38975-00